Impressum:

Copyright © 2007 GRIN Verlag, Open Publishing GmbH
Druck und Bindung: Books on Demand GmbH, Norderstedt Germany
ISBN: 978-3-668-13934-3

Christoffer Riemer, Jan Schwenke

Vorgehensmodelle zur Systementwicklung und -implementation

GRIN Verlag

Vorgehensmodelle der Systementwicklung und -implementation

Christoffer Riemer und Jan Schwenke

Inhaltsverzeichnis

Abkürzungsverzeichnis

Abkürzung	Bezeichnung
Abb.	Abbildung
BSD	Berkeley Software Distribution
CERN	Conseil Européen pour la Recherche Nucléaire
CLZ	Content Lebenszyklus
CM	Content Management
CMS	Content Management System
CR	Christoffer Riemer
CSS	Cascading Style Sheets
DMS	Dokumenten Management System
DV	Datenverarbeitung
ECM	Enterprise Content Management
ECMS	Enterprise Content Management System
ERM	Entity-Relationship-Modell
et al.	et alii
GPL	GNU General Public License
GNU	GNU´s Not Unix
HTML	Hypertext Markup Language
ISO	International Standards Organization
IT	Informationstechnologie
IWI	Institut für Wirtschaftsinformatik
JS	Jan Schwenke
KMS	Knowledge Management System
K.O.	knocked out
LAMP	Linux-Apache-MySQL-PHP
LGPL	Lesser General Public License
OSI	Open Source Initiative
OSS	Open Source Software
o. J.	ohne Jahr
o. S.	ohne Seite
o. V.	ohne Verfasser
PDA	Personal Digital Assistant

PDF	Portable Document Format
PHP	Hypertext Preprocessor
RRZN	Regionales Rechenzentrum Niedersachsen
SGML	Standard Generalized Markup Language
SQL	Structured Query Language
S.	Seite
Tab.	Tabelle
TCO	Total Cost of Ownership
URL	Uniform Resource Locator
USP	Unique Selling Proposition
Vgl.	Vergleiche
W3C	World Wide Web Consortium
WAP	Wireless Application Protocol
WCM	Web Content Management
WCMS	Web Content Management System
WWW	World Wide Web
WYSIWYG	What You See Is What You Get
XHTML	Extensible Hypertext Markup Language
XML	Extensible Markup Language

Vorwort

Die vorliegende Arbeit wurde zusammen von Christoffer Riemer und Jan Schwenke geschrieben. Zur Kennzeichnung der Autoren wird am Anfang jedes Abschnittes ein Namenskürzel eingefügt. Das Kürzel (CR) kennzeichnet die von Christoffer Riemer geschriebenen Abschnitte. Abschnitte, die mit dem Kürzel (JS) beginnen, wurden von Jan Schwenke verfasst.

Einleitung

(CR) „Allgemein beschreibt jedes Vorgehensmodell die Folge aller Aktivitäten, die zur Durchführung eines Projekts erforderlich sind. Vorgehensmodelle für die Systementwicklung [...] geben an, wie die Prinzipien, Methoden, Verfahren und Werkzeuge der System- und Softwareentwicklung einzusetzen sind."[1] Durch Vorgehensmodelle soll in der Softwareentwicklung die Komplexität beherrschbar und der Entwicklungsprozess übersichtlicher gestaltet werden. Dieser wird dabei in überschaubare, zeitlich und inhaltlich abgrenzbare Phasen unterteilt. Diese Phasen können einmal durchlaufen werden, wie beispielsweise beim Wasserfallmodell, oder mehrmals, wie es beim Spiralmodell der Fall ist. Man kann zwischen drei Typen von Vorgehensmodellen unterscheiden. Dies sind Softwareentwicklungsprozesse, Software-Lebenszyklusmanagement und Software-entwicklungs-Philosophie.[2]

Software-Entwicklungsprozesse sollen die Steuerung einer Softwareentwicklung von der Konzeption bis zum Einsatz ermöglichen. Beim Software-Lebenszyklusmanagement werden die Entwicklungsphasen über den gesamten Lebenszyklus erweitert. Softwareentwicklungs-Philosophien hingegen beschreiben, wie Software am Besten entwickelt werden sollte, beispielsweise extreme Programmierung[3] und Prototyping[4].

1 Phasenmodell der Systementwicklung

(CR) Für viele Vorgehensmodelle bildet das Phasenkonzept der Systemtechnik die Grundlage. Durch die Phaseneinteilung wird die Komplexität eines IT-Projektes reduziert, da es in überschaubare, zeitlich aufeinander folgende Teilaufgaben zerlegt wird. Durch das Vorgeben von Phasenzielen in Form von Meilensteinen können eventuelle Änderungen rechtzeitig eingearbeitet werden, Fehler erkannt und beseitigt oder das Projekt gar abgebrochen werden, wenn ein Erfolg unwahrscheinlich erscheint. Damit kann die Einhaltung von Vorgaben überprüft, der Entwicklungsaufwand überwacht und steuernde Maßnahmen eingeleitet werden. Für jede Phase muss festgelegt werden, was zu tun ist und wie es zu tun

---

[1] Vgl. Breitner (2006a), S. 5.
[2] Vgl. Wapedia (2007), S. 1 – 2.
[3] Extreme Programmierung ist ein Softwareentwicklungsprozess, der durch kurze Zyklen mit häufigen Rückkopplungen und die kontinuierliche Überprüfung von realisierten mit spezifizierten Anforderungen gekennzeichnet ist. Weiterhin wird der Entwicklungsprozess nicht im Detail geplant, sondern an veränderte Anforderungen angepasst und umfasst den gesamten Lebenszyklus einer Software (vgl. Heinrich et al (2004), S. 244).
[4] Prototyping ist ein Ansatz zur Softwareentwicklung mit ausgeprägter Benutzerbeteiligung. Vgl. vertiefend Heinrich et al. (2004), S. 532 – 533.

ist. Für eine sinnvolle Verantwortungsvergabe muss des Weiteren festgelegt werden wer etwas zu tun hat, wann etwas zu tun ist und welche Kosten dabei höchstens entstehen dürfen. [5]

Die vier Phasen Analyse, Entwurf, Realisierung und Einführung liegen fast allen Vorgehensmodellen zugrunde. In der Vorphase Projektbegründung werden zunächst der Projektauftrag und die Zielvorstellungen definiert. [6]

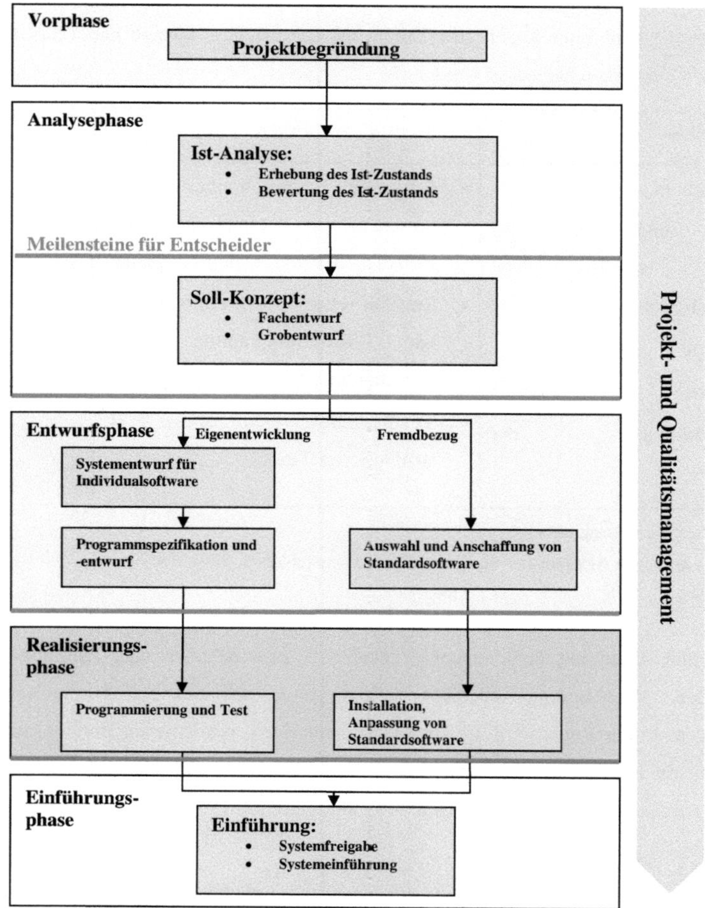

Abb. 1: Das Phasenmodell der Systementwicklung

Quelle: Eigene Darstellung in Anlehnung an Stahlknecht/Hasenkamp (2002), S. 221; Breitner (2006a), S.16.

---

[5] Vgl. Stahlknecht/Hasenkamp (2002), S. 222; Mertens et al. (2005), S. 160.
[6] Vgl. Stahlknecht/Hasenkamp (2002), S. 214.

1.1 Analysephase

(CR) Im ersten Schritt der Analysephase wird eine *Ist-Analyse* durchgeführt. Dabei wird der Ist-Zustand erhoben und beschrieben um vor allem Schwachstellen und unerwünschte Zustände analysieren und bewerten zu können. Zu Beginn der Analyse müssen die Erhebungstechniken bestimmt und die Darstellungsform der Ergebnisse festgelegt werden. Von besonderem Interesse sind hierbei ausgewählte Geschäftsprozesse und Arbeitsabläufe im Unternehmen. Um die benötigten Daten zu erhalten und darzustellen, können dabei die in Tab. 1 dargestellten Techniken eingesetzt werden.[7]

Erhebungstechniken	Darstellungstechniken
<ul><li>Unterlagenstudium</li><li>Schriftliche und mündliche Befragungen mithilfe von Fragebögen oder Interviews</li><li>Besprechungen</li><li>Beobachtungen</li><li>Selbstaufschreibungen der Mitarbeiter</li></ul>	<ul><li>Grafische Beschreibungsmittel, beispielsweise ereignisgesteuerte Prozessketten oder Datenflusspläne</li><li>Tabellarische Beschreibungsmittel wie Rasterdiagramme oder Entscheidungstabellen</li><li>Textliche Beschreibungsmittel, z. B. strukturierter Text</li></ul>

Tab. 1: Erhebungs- und Darstellungstechniken

Quelle: Eigene Darstellung in Anlehnung an Stahlknecht/Hasenkamp (2002), S. 235 – 238.

Festgestellte Mängel sollen mit dem zu entwickelnden System behoben oder zumindest vermindert werden. Verbesserungsvorschläge sollten schon während der Ist-Analyse festgehalten werden. In der Regel wird die Ist-Analyse mit einem schriftlichen Bericht und einem Meilenstein für Entscheider abgeschlossen, an dem entschieden wird, ob die nächste Phase begonnen werden kann, Nachbesserungen nötig sind oder das Projekt gar abgebrochen wird.

Im zweiten Schritt der Analyse ist ein *Soll-Konzept* zu entwickeln. Hierfür werden Anforderungen und Ziele für das System formuliert. Es wird zuerst ein *Fachentwurf* erstellt, der beschreibt, *was* das Anwendungssystem leisten soll. Die hier beschriebenen funktionalen Anforderungen betreffen den Leistungsumfang des Systems und werden mit den

---

[7] Vgl. Stahlknecht/Hasenkamp (2002), S. 229 – 230.

Erhebungstechniken und Darstellungstechniken festgehalten, die auch bei der Ermittlung des Ist-Zustands eingesetzt werden. Des Weiteren werden die Schnittstellen definiert, über die Benutzer mit dem System kommunizieren werden. Nach dem Fachentwurf wird ein *Grobentwurf* erstellt, der beschreibt, *wie* das System realisiert werden soll. Diese nicht-funktionalen Anforderungen betreffen die Realisierung, die Systemeinführung, die Qualität und das Projektmanagement. Die Vorgehensweise zur Erstellung des Grobentwurfs ist stark davon abhängig, ob eine funktions-, daten- oder objektorientierte Sichtweise der Programmierung gewählt wird sowie von äußeren Rahmenbedingungen, beispielsweise Betriebssystemen, Datenbankverwaltungssystemen, Programmiersprachen und Softwareentwicklungswerk-zeugen.[8]

Alle aus Sicht der Kunden wünschenswerten Softwareeigenschaften werden im so genannten *Lastenheft* dokumentiert. Es enthält Wünsche der Auftraggeber an die Leistungen des Systems. Sämtliche Leistungsanforderungen des Lastenheftes, die für eine Erfüllung des Projektes notwendig sind, werden präzisiert, vervollständigt, nachvollziehbar gemacht, mit technischen Festlegungen verknüpft und vom Auftragnehmer im so genannten *Pflichtenheft* festgehalten.[9] Am Ende der Analysephase folgt ein weiterer Meilenstein, an dem Entscheidungsträgern das Soll-Konzept präsentiert und über die Fortführung des Projektes entschieden wird.[10]

1.2   Eigenentwicklung oder Standardsoftware?

(CR) Nach der Bestimmung des Soll-Konzeptes muss entschieden werden, ob ein eigenes System entwickelt oder eine Standardsoftware erworben wird. Eine Eigenentwicklung ist vor allem dann notwendig, wenn keine den Anforderungen entsprechende Standardsoftware vorhanden ist und durch den Einsatz einer Eigenentwicklung Wettbewerbsvorteile erwartet werden können. Vorteile durch den Erwerb einer Standardsoftware können sich daraus ergeben, dass der Kauf meist kostengünstiger ist als die eigene Produktion und Standardsoftware häufig sofort verfügbar ist und schneller eingesetzt werden kann. Weiterhin sind bei Einsatz von Standardsoftware keine oder weniger IT-Spezialisten im eigenen Unternehmen notwendig und die Risiken der Eigenentwicklung können umgangen werden. Oft werden professionelle Schulungen angeboten. Ferner verfügt Standardsoftware aufgrund einer hohen Nachfrage und einer relativ langen Laufzeit häufig über eine höhere Qualität. Den Vorteilen stehen folgende Nachteile gegenüber: Es sind oft erhebliche Anpassungen der

---

[8]   Vgl. Stahlknecht/Hasenkamp (2002), S. 247 – 250.
[9]   Vgl. Hasenkamp (2007), S. 2 – 3.
[10]   Vgl. Stahlknecht/Hasenkamp (2002), S. 257.

Standardsoftware nötig, da der Anwender besondere Anforderungen hat. Die Ablauforganisation muss teilweise an die Standardsoftware angepasst werden. Sie kann zu allgemein entwickelt sein, was zu Effizienz- und Performanceverlusten führen kann. Außerdem kann es zu Schnittstellen- und Identifikationsproblemen sowie zu einer ungewollten Abhängigkeit vom Hersteller der Software kommen.[11]

1.3 Entwurfsphase bei Eigenproduktion

(CR) In der Entwurfsphase werden die Vorraussetzungen für die darauf folgende Realisierungsphase geschaffen. Es werden dabei drei Schritte durchlaufen. Zuerst wird ein strukturierter Systementwurf erstellt. Daran anschließend werden die Programmspezifikationen in Form eines erneuten Pflichtenheftes festgehalten. Diese enthalten detaillierte Vorgaben für einen Programmentwurf. Im letzten Schritt erfolgt die Erarbeitung eines systematischen und möglichst strukturierten Programmentwurfs anhand der Programmspezifikationen.[12]

Der *Systementwurf* wird aus dem Grobkonzept der Analysephase abgeleitet. Er besteht bei strukturierter Vorgehensweise aus dem Datenbankentwurf, dem Funktionsentwurf und dem Prozessentwurf. Aus dem Systementwurf werden die *Programmspezifikationen* für den *Programmentwurf* festgelegt. Sie enthalten Informationen über die Datenorganisation, Eingabedaten, Verarbeitungsinformationen und Ausgabedaten. Aus den Programmspezifikationen wird entweder ein Programmablaufplan oder ein Struktogramm erstellt, das in der Realisierungsphase in die Programmiersprache übertragen wird. Bei objektorientierter Vorgehensweise werden Daten und Funktionen zu Objekten zusammengefasst und mit Methoden der objektorientierten Systementwicklung bearbeitet.[13] Bei dem an die Entwurfphase anschließenden Meilenstein wird über die weitere Vorgehensweise entschieden.

1.4 Entwurfsphase bei Standardsoftware

(CR) Da der Erwerb einer Standardsoftware meist sehr kostenintensiv ist und nicht einfach wieder rückgängig gemacht werden kann, sollte die Auswahl sehr sorgfältig getroffen werden. Der Auswahlprozess sollte dabei die Punkte Ausschreibung und Angebotseinholung, Grob- und Feinbewertung der Angebote sowie Endauswahl enthalten.

---

[11] Vgl. Stahlknecht/Hasenkamp (2002), S. 302 – 303; Amberg (2007), S. 9.
[12] Vgl. Stahlknecht/Hasenkamp (2002), S. 258.
[13] Vgl. Stahlknecht/Hasenkamp (2002), S. 257; Stahlknecht/Hasenkamp (2002), S. 278.

Im ersten Schritt muss eine ausreichende Anzahl von Angeboten eingeholt werden. Bei der Grobbewertung sollten zuerst Angebote, die so genannte K.O.-Kriterien nicht erfüllen, ausgeschlossen werden. Danach sollte über weitere Kriterien die Auswahl bis auf ca. drei bis fünf Angebote eingegrenzt werden. Für die Feinbewertung kann z. B. eine Nutzwertanalyse durchgeführt werden. Dabei werden alle relevanten Kriterien zusammengestellt und gewichtet.[14] Um über die Fortführung des Projektes entscheiden zu können, sollten *Wirtschaftlichkeitsvergleiche* angestellt werden. Dabei können reine Kostenvergleiche und Kosten/Nutzen-Vergleiche erstellt werden. Bei den Kosten ist zwischen einmaligen und laufenden Kosten zu unterscheiden.[15]

1.5 Realisierungsphase bei Eigenentwicklung

(CR) Bei der Realisierung stehen die eigentliche Programmierarbeit und der Programm- und Systemtest im Vordergrund. Der Verlauf der *Programmierung* ist abhängig von den eingesetzten Programmen sowie von den benutzten Prinzipien, Methoden und Verfahren.[16]

Nach der Programmierung erfolgt das *Testen*. Es ist vorteilhaft, wenn die Anwendung schon während der Programmierung auf Fehler kontrolliert wird. „Unter Testen im engeren und klassischen Sinne versteht man die Prüfung von codierten Programmen auf korrekte Formulierung und Ausführung."[17] Ein Software-Test ist ein mögliches Verfahren zur Verifikation und Validierung eines Programms. Unter Verifikation versteht man den mathematischen Beweis, dass das entwickelte Programm den vorher festgelegten Spezifikationen entspricht,[18] wohingegen bei der Validierung die Eignung beziehungsweise der Wert einer Software bezogen auf ihren Einsatzzweck überprüft wird.[19] Zum Testen können unterschiedlichste Verfahren angewendet werden. Neben der Überprüfung des Programmcodes sollte unter anderem ein Modultest, ein Komponententest, ein Systemtest und ein Abnahmetest mit allen Personen, die mit dem Programm arbeiten werden, durchgeführt werden. Die Bewertung der Ergebnisse des Tests führt zu weiteren Maßnahmen (z. B. Bugfixing).[20] Am Ende der Realisierungsphase folgt ein weiterer Meilenstein, an dem über die Fortführung des Projektes entschieden wird.

---

[14] Vgl. Stahlknecht/Hasenkamp (2002), S. 304 – 310.
[15] Vgl. Waehlert (2007), S. 35 – 37.
[16] Vgl. Stahlknecht/Hasenkamp (2002), S. 288.
[17] Vgl. Stahlknecht/Hasenkamp (2002), S. 295.
[18] Vgl. IT Wissen (2007c), S. 1.
[19] Vgl. Meyers Lexikon Online (2007), S. 1.
[20] Vgl. Floyd/Oberquelle (2004), S. 8.

1.6 Realisierungsphase bei Standardsoftware

(CR) In der Realisierungsphase wird die erworbene Software zuerst auf das System des Unternehmens aufgespielt. Danach muss die Standardsoftware an die Anforderungen des Auftraggebers angepasst werden. Die Anpassungsmaßnahmen enthalten im Wesentlichen Aufgaben der Parametrisierung, Konfigurierung und Individualprogrammierung.

Bei der Parametrisierung wird das Programm durch die Änderung von Parametern eingestellt. Durch eine Konfigurierung werden benötigte Module hinzugefügt. Individualprogrammierung bietet die beste Möglichkeit, das System auf die Anforderungen abzustimmen; es ist allerdings auch die kostenaufwendigste Anpassungsmaßnahme. Anpassungen und Erweiterungen werden individuell erstellt.[21]

1.7 Einführungsphase

(CR) Die letzte Phase startet mit einer formalen Systemfreigabe, bei der die Dokumentationen und die Unterlagen des Projekts auf Vollständigkeit überprüft werden. Die darauf folgende Systemeinführung entspricht einer formalen Übergabe des Systems an den Auftraggeber. Sie erfolgt bei einer Eigenentwicklung nach einem erfolgreich abgeschlossenen Abnahmetest und bei der Anschaffung von Standardsoftware nach Abschluss der Anpassungsmaßnahmen.[22] Die Systemeinführung ist mit einer Unterweisung aller Beteiligten verbunden, wobei eventuell notwendige Schulungsmaßnahmen möglichst früh durchgeführt werden sollten. Es ist ein Umstellungsplan aufzustellen, der eine klare Aufgaben- und Kompetenzverteilung beinhaltet. Der Datenübernahme kommt hierbei eine besondere Bedeutung zu. Vorhandene Daten werden in das System eingepflegt. Die Einführung des Systems kann zu einem Stichtag bei gleichzeitiger Beendigung des alten Systems (Big Bang) oder stufenweise mit nur einem Teil des Systems oder der Daten erfolgen. Außerdem gibt es die Möglichkeit das neue und das alte System parallel laufen zu lassen. Während bei der schnellen Einführung die Gefahr höher ist, dass das Projekt scheitert, können bei der stufenweisen Einführung zusätzliche Kosten entstehen.[23]

Nach der Einführung geht die Anwendung in den Produktivbetrieb über, wobei Wartungs- und Pflegearbeiten notwendig sein können. Dabei sollen auftretende Fehler behoben und die Qualität verbessert werden. Außerdem soll das System an veränderte Anforderungen angepasst und um neue Funktionen erweitert werden.[24]

---

[21] Vgl. Stahlknecht/Hasenkamp (2002), S. 303 – 304.
[22] Vgl. Stahlknecht/Hasenkamp (2002), S. 321.
[23] Vgl. Stahlknecht/Hasenkamp (2002), S. 323; Mertens et al. (2005), S. 164.
[24] Vgl. Stahlknecht/Hasenkamp (2002), S. 324.

1.8 Kritik des Phasenmodells

(CR) Das Phasenmodell bildet eine nachvollziehbare Basis für Softwareentwicklungen und ist Grundlage vieler Vorgehensmodelle. Gegen ein strenges Phasenkonzept spricht, dass Änderungen auf Grund äußerer Einflüsse und neuer Erkenntnisse oft schon während der Erstellung des Soll-Konzeptes und des Systementwurfs notwendig sind. Außerdem sind viele Programmspezifikationen im Vorfeld schwer oder gar nicht abschätzbar. Um auf die Kritikpunkte einzugehen, werden die einzelnen Phasen oder mehrere zusammenhängende Phasen bei manchen Modellen iterativ wiederholt (z. B. beim Wasserfallmodell). Bei der objektorientierten Systementwicklung kann die strenge Einteilung durch fließende Phasenübergänge aufgehoben werden.[25]

2 Wasserfall- und V-Modell

(CR) Im Vergleich zum starren Phasenmodell wurde das Wasserfallmodell mit Rückkoppelungen zum Beginn einer Phase und zu vorhergehenden Phasen erweitert.

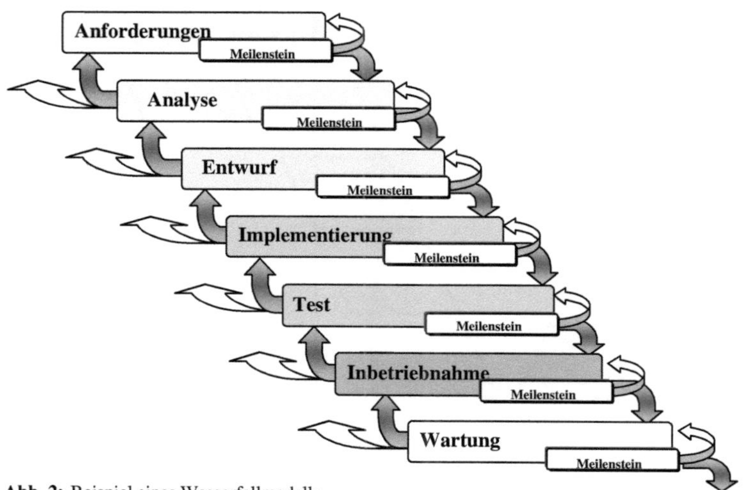

Abb. 2: Beispiel eines Wasserfallmodells

Quelle: Eigene Darstellung in Anlehnung an Stein (2004), S. 3.

---

[25] Vgl. Breitner (2006b), S. 62 – 63.

Das Modell versucht, den gesamten Software-Lebenszyklus darzustellen.[26] Während das klassische Wasserfallmodell nur Iterationen zwischen zwei aufeinander folgenden Phasen erlaubt, sind bei neueren Modellen auch Sprünge zu früheren Phasen möglich.[27]

Die standardisierte Vorgehensweise des V-Modells soll IT-Projekte plan- und nachvollziehbar machen und Ergebnisse von hoher Qualität sicherstellen. Die aktuelle Version, das V-Modell XT, wurde vom Bundesministerium des Inneren entwickelt und ist für Bundesbehörden verbindlich vorgeschrieben. Statt der Phasen des Phasenmodells basiert das V-Modell auf Aktivitäten und Ereignissen, die nicht zwingend in einer zeitlichen Abfolge durchlaufen werden müssen.[28]

Das Vorgehen beim V-Modell variiert durch verschiedene Projekttypen, die abhängig von den Parametern des Projekts sind. Für jeden Projekttyp sind individuelle Projektdurchführungsstrategien vordefiniert. Es werden dabei individuell Vorgehensbausteine zusammengestellt, wobei bestimmte Bausteine bei jedem Projekttyp notwendig sind, um ein Mindestmaß an Qualität zu sichern. Diese Bausteine bilden den V-Modell-Kern.[29]

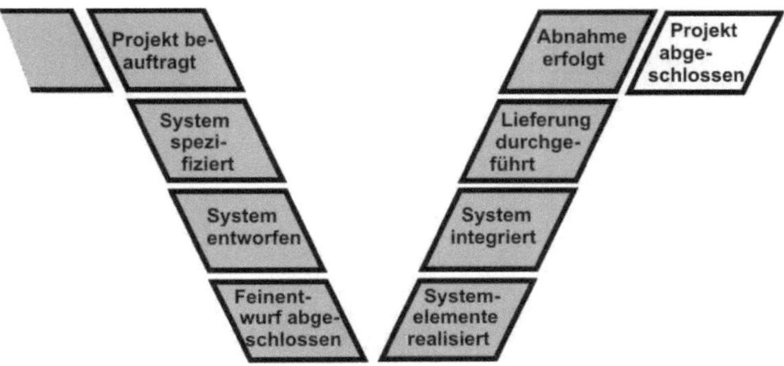

Abb. 3: Auszug der Projektdurchführungsstrategien des V-Modells
Quelle: BRD (2004), S. 18.

---

[26] Vgl. Stein (2004), S. 1.
[27] Vgl. Horn (2007), S. 4.
[28] Vgl. BRD (2004), S. 5 – 10.
[29] Vgl. BRD (2004), S. 4 – 10.

Weitere Informationen zu diesem Thema finden Sie in: „Content Management Systeme. Möglichkeiten und Vorteile für kleine und mittelständische Unternehmen" von Christoffer Riemer und Jan Schwenke.

ISBN: 978-3-638-78528-0

http://www.grin.com/de/e-book/77885/

Literaturverzeichnis (inklusive weiterführender Literatur)

24ix Systems (2007)
> Typo3 und Joomla im Vergleich, http://www.24ix.de/fileadmin/
> documents/Typo3/Typo3-vs-Joomla.pdf, letzter Zugriff am 07.04.2007

Alkan, S. (2006)
> Der Erfolg Ihrer Website: Eine Frage der Glaubwürdigkeit,
> http://www.contentmanager.de/magazin/artikel_1129_erfolg_website_glaubwuerdigke
> it.html, letzter Zugriff am 13.03.2007

Amberg, M. (2007)
> Einführung in die betriebliche Informationsverarbeitung, http://www.wi3.uni-
> erlangen.de/fileadmin/Dateien/Lehre/IV-Theorie/IVTheorie_Modul9.pdf, letzter
> Zugriff am 18.04.2007

Bager, J. (2002)
> Hüter der Inhalte: Websites mit Content-Management-Systemen verwalten, in: c´t,
> 2002, Nr. 20, S. 172 – 176

Behme, H./Mintert, S. (2000)
> Einführung, in: XMLidP – XML in der Praxis, http://www.link
> werk.com/pub/xmlidp/2000/xml-intro.html, letzter Zugriff am 18.02.2007

Berlecon Research (2002)
> Free/Libre Open Source Software: Survey and Study, Basics of Open Source
> Software Markets and Business Models, FLOSS Final Report – Part 3, Berlin 2002

Berndt, R. (2005)
> Marketingstrategie und Marketingpolitik, 4., vollständig überarbeitete und erweiterte
> Auflage, Berlin u. a. 2005

Bodendorf, F. (2006)
> Daten- und Wissensmanagement, 2. aktualisierte und erweiterte Auflage, Berlin u. a.
> 2006

Bond, M. (2005)
> Verschenktes Geschäftspotenzial: Rund jeder zehnte deutsche Mittelständler ohne
> eigene Website, http://www.contentmanager.de /magazin/news_h13057-
> print_verschenktes_geschaeftspotenzial_ rund.html, letzter Zugriff am 20.04.2007

BRD (2004)
> V-Modell XT, http://v-modell.iabg.de/index.php?option=com_docman
> &task=doc_download&gid=23, letzter Zugriff am 02.03.2007

Breitner, M. (2006a)
> Systementwicklung und Softwareengineering, Vorlesung vom 30. Januar 2006

Breitner, M. (2006b)

Systementwicklung und Softwareengineering, Vorlesung vom 06. Februar 2006

Büchner, H./Zschau, O./Traub, D./Zahradka, R. (2001)

Web Content Management – Websites professionell betreiben, 1. Auflage, Bonn 2001

Bundesverwaltungsamt (2003)

Kompetenzzentrum CMS – CMS Toolbox – CMS-Projektleitfaden, http://www.bva.bund.de/cln_047/nn_951976/SubSites/BIT/DE/Shared/Publikationen/ GSB__Publikationen/Projektleitfaden,templateId=raw,property=publicationFile.pdf/Pr ojektleitfaden.pdf, letzter Zugriff am 17.04.2007

Christ, O. (2003)

Content Management in der Praxis – Erfolgreicher Aufbau und Betrieb unternehmensweiter Portale, 1. Auflage, Berlin 2003

Christ, O./Bach, V. (2000)

Content Management, St. Gallen 2000

Contentmanager (2006)

Umfrage: Welcher Faktor wirkt sich am stärksten auf die Glaubwürdigkeit einer Website aus?, http://www.contentmanager.de/commu nity/umfrage_84_welcher_faktor_wirkt_sich_am_staerksten_auf_ die.html, letzter Zugriff am 13.03.2007

Css4you (2007)

Browserkompatibilität, http://www.css4you.de/browsercomp.html, letzter Zugriff am 04.02.2007

Cyres (o. J.)

Redaktionssystem, http://www.cyres.de/cms-grundlagen/cms-defini tion/redaktionssystem.htm, letzter Zugriff am 08.03.2007

D Punkt (2007)

Die Java Micro Edition - Einleitung, http://www.dpunkt.de/lesepro ben/3-89864-418-9/Kapitel_1.pdf, letzter Zugriff am 18.04.2007

Dobratz, S. (1999)

XML - eXtensible Markup Language, in: RZ-Mitteilungen, 1999, Nr. 18, S. 24 – 28

Ebersbach, A./Glaser, M./Kubani, R. (2006a)

Module, Mambots, Komponenten, in: Joomla – Das Handbuch für Einsteiger, http://pcf.pc.ohost.de/openbooks/joomla/joomla_07_ 000.htm, letzter Zugriff am 06.04.2007

Ebersbach, A./Glaser, M./Kubani, R. (2006b)
Weiterentwicklung, in: Joomla – Das Handbuch für Einsteiger,
http://www.galileocomputing.de/openbook/joomla/joomla_01_002.htm#Xxx999443,
letzter Zugriff am 12.04.2007

Europäische Kommission (2003)
Empfehlung der Kommission vom 6. Mai 2003 betreffend der Definition der
Kleinstunternehmen sowie der kleinen und mittleren Unternehmen, Aktenzeichen
K(2003) 1442, Amtsblatt der Europäischen Kommission L 124/37

Europäische Kommission (2006)
Study on the economic impact of open source software on innovation and the
competitiveness of the Information and Communication
Technologies (ICT) sector in the EU,
http://ec.europa.eu/enterprise/ict/policy/doc/2006-11-20-flossimpact.pdf, letzter
Zugriff am 13.01.2007

Faecks, W. I./Storm van´s Gravesande, B. (2001)
Erfolgskontrolle im Content Management, in: Information Management & Consulting,
Jg. 16, 2001, Nr. 3, S. 24 – 29

FH Wedel (2007)
Content Management Systeme, http://www.fh-wedel.de/~si/semina
re/ws05/Ausarbeitung/3.zope/zope2.htm, letzter Zugriff am 22.03.2007

Fiala, Z. (2002)
Web Content Management Techniken, http://www-mmt.inf.tu-
dresden.de/Lehre/Archiv/Sommersemester_02/Hauptseminar/
vortraege/Praesentation_Fiala.pdf, letzter Zugriff am 08.03.2007

Floyd, C./Oberquelle, H. (2004)
Produktverwaltung, Programmierung und Test, http://www.informatik.uni-
hamburg.de/SWT/attachments/LVTermine/ WS04-05_VL-13_STE_Prog&Testen.pdf,
letzter Zugriff am 11.04.2007

Franck, E. (2003)
Open Source aus ökonomischer Sicht – Zu den institutionellen Rahmenbedingungen
einer spenderkompatiblen Rentensuche, in: Wirtschaftsinformatik, Jg. 45, 2003, Nr. 5,
S. 527 – 532

Free Software Foundation (1991)
GNU General Public License, http://www.gnu.org/licenses/gpl.html, letzter Zugriff
am 10.04.2007

Freyermuth, G. (2001)
Offene Geheimnisse – Aus der Open-Source-Geschichte lernen, Teil I, in: c´t, 2001,
Nr. 20, S. 176 – 184

Geihs, K. (2001)
Netzarchitektur, in: Mertens, P. (Hrsg.), Lexikon der Wirtschaftsinformatik, 4., vollständig neu bearbeitete und erweiterte Auflage, Berlin u. a. 2001, S. 321

Gersdorf, R. (2002)
Potenziale des Content-Managements, in: Wirtschaftsinformatik, Jg. 44, 2002, Nr. 1, S. 75 – 78

Glantschnig, P. (2004)
Innovative Content Management Systeme im Betrachtungsfeld von Java 2 Enterprise Edition, http://www.iicm.edu:8000/thesis/ pglantschnig/html/da-cms.htm, letzter Zugriff am 20.03.2007

GNU (o. J.a)
GNU's Not Unix! - Free Software, Free Society, http://www.gnu.org/, letzter Zugriff am 29.01.2007

GNU (o. J.b)
Categories of Free and Non-Free Software, http://www.gnu.org/philosophy/categories.html, letzter Zugriff am 10.04.2007

GNU (o. J.c)
Das GNU-Betriebssystem – Frei wie in Freiheit, http://www.gnu.org/ home.de.html, letzter Zugriff am 11.04.2007

Goesmann, T./Hoffeld, A./Kölle, A. (2001)
Einführung eines Know-how-Portals bei der Akademie Fresenius, in: Information Management & Consulting, Jg. 16, 2001, Nr. 3, S. 69 – 75

Görk, M. (2001)
Customizing, in: Mertens, P. (Hrsg.), Lexikon der Wirtschaftsinformatik, 4., vollständig neu bearbeitete und erweiterte Auflage, Berlin u. a. 2001, S. 126 - 128

Graf, H. (2006a)
Joomla! 1.5 - Websites organisieren und gestalten mit dem Open Source-CMS, München 2006

Graf, H. (2006b)
Phänomen Joomla!, http://www.contentmanager.de/magazin/artikel_1020_cms_Joomla.html, letzter Zugriff am 28.02.2007

Grasl, O./Rohr, J./Grasl, T. (2004)
Prozessorientiertes Projektmanagement – Modelle, Methoden und Werkzeuge zur Steuerung von IT-Projekten, München u. a. (2004)

Hansen, H. R./Neumann, G. (2005)
Wirtschaftsinformatik 1 – Grundlagen und Anwendungen, 9. Auflage, Stuttgart 2005

Hasenkamp, A. (2007)
Lastenheft und Pflichtenheft - Was sie sind und was sie nützen,
http://www.redaktionsdienst.net/tipps/lastenheft-pflichtenheft.html, letzter Zugriff am
21.03.2007

Hanser, T./Wenz, C. (2006)
Joomla! und Mambo, http://files.hanser.de/hanser/docs/20060227_26227171515-
116_3-446-40690-5_Vorwort.pdf, letzter Zugriff am 05.04.2007

Hassler, M. (2005)
Content Management Systeme, namics Whitepaper, St. Gallen 2005

Heinrich, L. J./Heinzl, A./Roithmayr, F. (2004)
Wirtschaftsinformatik-Lexikon, 7., vollständig überarbeitete und erweiterte Auflage,
München 2004

Heinze, D./Keller, A. (2004)
Der Preis der Freiheit – was Softwareentwickler über Open-Source-Lizenzen wissen
sollten, in: Sauerburger, H. (Hrsg.), HMD – Praxis der Wirtschaftsinformatik, 2004,
Nr. 238, S. 41 – 48

Heuer, A. (2001)
Web-Präsenz-Management im Unternehmen: Entwicklung und Einsatz eines Java-
basierten Online-Redaktionssystems, Trier 2001

Hofmann, T./Raitelhuber, U. (2002)
SGML/XML, http://www.th-o.de/sgml/sgmlv.htm, letzter Zugriff am 18.01.2007

Homburg, C./Krohmer, H. (2006)
Marketingmanagement: Strategie - Instrumente - Umsetzung - Unternehmensführung,
2., überarbeitete und erweiterte Auflage, Wiesbaden 2006

Hoppe, G./Brüggemann, T./Schwarze, J. (2002)
E-Commerce und LAMP-Architektur, in: WISU – Das Wirtschaftsstudium, 2002, Nr.
11, S. 1426 – 1433

Horn, T. (2007)
Vorgehensmodelle zum Softwareentwicklungsprozess, http://www.torsten-
horn.de/techdocs/sw-dev-process.htm, letzter Zugriff am 15.02.2007

Horváth, P. (1998)
Controlling, 7. vollständig überarbeitete Auflage, München 1998

impulse/Institut für Mittelstandsforschung (2004)
mind – Mittelstand in Deutschland, http://www.impulse.de/spe/mind/
mind03_download/mind_berichtsband.pdf, letzter Zugriff am 08.04.2007

impulse/IBM (2006)
Internet und E-Business im Mittelstand, http://www.impulse.de/
downloads/ibm_studie_2006.pdf, letzter Zugriff am 04.04.2007

Infopark, (2007)
Qualitätsmerkmale von Websites, http://www.infopark.de/download/
whitepapers/de/whitepaper_qualitaetsmerkmale_websites.pdf, letzter Zugriff am
14.03.2007

IT Wissen (2007a)
Java, http://www.itwissen.info/definition/lexikon//___java.html, letzter Zugriff am
21.03.2007

IT Wissen (2007b)
JavaScript, http://www.itwissen.info/definition/lexikon//___javascript .html, letzter
Zugriff am 21.03.2007

IT Wissen (2007c)
Verifikation, http://www.itwissen.info/definition/lexikon//__verification
_verifikation.html, letzter Zugriff am 21.03.2007

Jablonski, S./Meiler, C. (2002)
Web-Content-Managementsysteme, in: Informatik Spektrum, Jg. 25, 2002, Nr. 2, S.
101 – 119

Jacoby, A. (2007)
Klitsche oder Karriereschmiede in: Frankfurter Allgemeine Hochschulanzeiger, 2007,
Nr. 89, S. 14 – 17

Joomla! (2007a)
System Requirements, http://help.Joomla.org/content/view/34/169/, letzter Zugriff am
26.03.2007

Joomla! (2007b)
Was ist Joomla?, http://www.joomla.de/content/blogcategory/3/5/, letzter Zugriff am
05.04.2007

Joomla! (2007c)
Joomla! - Die Geschichte, http://www.joomla.de/content/view/123/5/, letzter Zugriff
am 05.04.2007

Julich, T. (2002)
Anforderungen an ein CMS, in: Berres, A./Bullinger, H-J. (Hrsg.), E-Business -
Handbuch für Einsteiger: Praxiserfahrungen, Strategien, Handlungsempfehlungen, 2.,
vollständig neu bearbeitete Auflage, Berlin u. a. 2002, S. 399 – 410

Kampffmeyer, U. (2003a)
Enterprise Content Management - Zwischen Vision und Realität,
http://www.contentmanager.de/magazin/artikel_398-print_ecm
_zwischen_vision_und_realit%C3%A4t.html, letzter Zugriff am 17.02.2007

Kampffmeyer, U. (2003b)
Enterprise Content Management - Zwischen Vision und Realität II,
http://www.contentmanager.de/magazin/artikel_400_ecm_teil_ii.html, letzter Zugriff
am 17.02.2007

Kesper, B./Matthai, M./Lindner, M. (2004)
Das große Buch: HTML, XHTML & CSS, 1. Auflage, Düsseldorf 2004

Kitz, A. (2004)
IT-Projektmanagement, 1. Auflage, Bonn 2004

Kleijn, A. (2006)
Open-Source-Lizenzen, http://www.heise.de/open/artikel/75786/0, letzter Zugriff am
04.01.2007

Kleinschmid, P./Rank, C. (2005)
Relationale Datenbank-Systeme - Eine praktische Einführung, 3., überarbeitete und
erweiterte Auflage, Berlin u. a. 2005

Kobert, T. (2000)
Das Einsteigerseminar HTML 4, 3. Auflage, Kaarst 2000

Koop, H./Jäckel, K./Offern, A. (2001)
Erfolgsfaktor Content Management - Vom Web Content zum Knowledge
Management, 1. Auflage, Braunschweig, Wiesbaden 2001

Kooths, S./Langenfurth, M./Kalwey, N. (2003)
Open Source-Software - Eine volkswirtschaftliche Bewertung, in: Dieckheuer,
G./Kooths, S. (Hrsg.), MICE Economic Research Studies, Vol. 4, Münster 2003, S. 1
– 105

Krause, J. (2005)
PHP 5: Grundlagen und Profiwissen - Webserver-Programmierung unter Windows in
Linux, 2., aktualisierte Auflage, München, Wien 2005

Kritzner, U. (2006)
JavaScript - Allgemeines, http://droeppez.de/download/js-tut/js-tut/seite0.html, letzter
Zugriff am 12.01.2007

Kronz, S. (2003)
Content Management: Einführung, Prozesse und Objekte, 1. Auflage, Saarbrücken 2003

Krüger, J. D. (2005)
CMS 2020 - die Zukunft von Content Management, in: Nix, M/Handke, G./Kampffmeyer, U. (Hrsg.), Web Content Management - CMS verstehen und auswählen, Frankfurt am Main 2005,
S. 125 – 129

Leiteritz, R. (2004)
Open Source-Geschäftsmodelle, in: Gehring, R. A./Lutterbeck, B. (Hrsg.), Open-Source-Jahrbuch - Zwischen Softwareentwicklung und Gesellschaftsmodell, Berlin 2004, S. 139 – 170

Lyman, P./Varian, H. (2003)
How much information? 2003, http://www.sims.berkeley.edu /research/projects/how-much-info-2003/printable_report.pdf, letzter Zugriff am 16.03.2007

Maass, W./Stahl, F. (2007)
Marktübersicht zu Content Management Systemen, http://im.dm.hs-furtwangen.de/download.php?3c035bbef6c52b4b7da5c9c9dfde 4d42, letzter Zugriff am 17.04.2007

Marugg, T. (2001)
Metadaten für Content-Indizierung und Wissenssicherung, http://www.contentmanager.de/magazin/artikel_69_metadaten_fuer_content-indizierung_und.html, letzter Zugriff am 23.03.2007

Mertens, P./Bodendorf, F./König, W./Picot, A./Schumann, M./Hess, T. (2004)
Grundzüge der Wirtschaftsinformatik, 8. Auflage, Berlin u. a. (2004)

Meyers Lexikon Online (2007)
Validierung, http://lexikon.meyers.de/meyers/Validierung, letzter Zugriff am 21.03.2007

Mintert, S. (2004)
Extensible Markup Language (XML) 1.1, http://www.edition-w3c.de/TR/2004/REC-xml11-20040204/, letzter Zugriff am 12.01.2007

Mosch, T. (2004)
Trends in der IT-Nutzung im Mittelstand, in: Meinhardt, S. (Hrsg.), HMD – Praxis der Wirtschaftsinformatik, 2004, Nr. 240, S. 13 – 22

Münz, S./Nefzger W. (2002)
HTML: Die Profireferenz, Poing 2002

Nix, M (2004)
CMS-Usability-Checkliste, http://www.contentmanager.de/magazin/
artikel_472_cms_usability_checkliste.html, letzter Zugriff am 13.03.2007

Nix, M./Handke, G./Kampffmeyer, U. (2005)
Web Content Management – CMS verstehen und auswählen, Frankfurt am Main 2005

Nix, M. (2005a)
Transparenz statt bunter Verpackungen bei Open Source CMS,
http://www.contentmanager.de/magazin/artikel_605_open_source_cms_ez_publish.ht
ml, letzter Zugriff am 07.03.2007

Nohr, H. (2000)
Content Management – Die Einführung von Content Management-Systemen, in:
Nohr, H. (Hrsg.), Arbeitspapiere Wissensmanagement, 2000, Nr. 11, S. 1 – 13

n-sight (2005)
Marktübersicht zu Content-Management-Lösungen, Wendelstein 2005

Onasch, L. (2006)
Spezielle Anforderungen an Content Management Systeme für den Mittelstand,
http://www.contentmanager.de/magazin/artikel_917_con
tent_management_mittelstand_auswahl.html, letzter Zugriff am 30.03.2007

Onasch, L. (o. J.)
CMS: OpenSource vs. Kommerzielle Systeme, http://www.competence-
site.de/cms.nsf/CFF221679F97C363C1256
ECA00481F16/$File/cms_opensource_vs_kommerziell.pdf, letzter Zugriff am
01.03.2007

OpenFacts (2006)
Open-Source-Lizenzen, http://openfacts.berlios.de/index.phtml?tit le=Open-Source-
Lizenzen, letzter Zugriff am 08.01.2007

Open Source Initiative (2007)
The Open Source Definition, http://www.opensource.org/ docs/definition.php, letzter
Zugriff am 02.01.2007

Ostheimer, B./Janz, W. (2005)
Dokumenten-Management-Systeme – Abgrenzung, Wirtschaftlichkeit, rechtliche
Aspekte Arbeitspapiere Wirtschaftsinformatik, 2005, Nr. 7, Justus Liebig Universität
Giessen, http://geb.uni-giessen.de/geb/volltexte/2005/2430/, letzter Zugriff am
22.03.2007

Pfliegl, K. (2004)
Seiten-Generierer, in: Internet Professionell, 2004, Nr. 7, S. 40 – 43

Pols, A./Etter, C./Renner, T. (2004)
eBusiness-Investitionsbarometer 2004/2005 – Status quo und Perspektiven des eBusiness-Einsatzes in der deutschen Wirtschaft, in: Fraunhofer IAO und Wegweiser (Hrsg.), eBusiness Jahrbuch der deutschen Wirtschaft 2004/2005, Berlin 2004, S. 35 – 60

Rawolle, J. (2002)
Content Management integrierter Medienprodukte, 1. Auflage, Wiesbaden 2002

Raymond, E. S. (1998)
The Cathedral and the Bazaar, http://www.firstmonday.org/issues/ issue3_3/raymond/, letzter Zugriff am 29.01.2007

Redaxo (o. J.a)
Features/Idee, http://www.redaxo.de/148-0-featuresidee.html, letzter Zugriff am 09.04.2007

Redaxo (o. J.b)
Webseiten erstellen mit Redaxo, http://www.redaxo.de/169-0-a-3-webseiten-erstellen-mit-redaxo.html, letzter Zugriff am 09.04.2007

Reiter, B. E. (2004)
Wandel der IT: Mehr als 20 Jahre freie Software, in: Sauerburger, H. (Hrsg.), HMD – Praxis der Wirtschaftsinformatik, 2004, Nr. 238, S. 83 – 91

Renner, T./Vetter, M./Rex, S./Kett, H. (2005)
Open Source Software: Einsatzpotentiale und Wirtschaftlichkeit, Stuttgart 2005

Röwekamp, L. (2001)
Prinzipien und Aufbau eines Content Management Systems, in: Information, Management & Consulting, Jg. 16, 2001, Nr. 3, S. 12 – 17

Rottmann, A./Riedl, S. (2002)
XML Grundlagen, http://stud3.tuwien.ac.at/~e9926584/xml-grundla gen/xml-slides.pdf, letzter Zugriff am 12.04.2007

RRZN/Universität Hannover (2005)
PHP – Grundlagen Erstellung dynamischer Webseiten, 4., veränderte Auflage, Hannover 2005

SAP (o. J.)
Komponenten und Werkzeuge von SAP NetWeaver: SAP NetWeaver Portal, http://www.sap.com/germany/plattform/netweaver/com ponents/netweaverportal/index.epx, letzter Zugriff am 12.03.2007

Scheer, A.-W. (2002)
ARIS – Vom Geschäftsprozess zum Anwendungssystem, 4., durchgesehene Auflage, Berlin u. a. 2002

Schoop, E./Gersdorf, R./Jungmann B. (2002)
Content Management, in: Wirtschaftsinformatik, Jg. 44, 2002, Nr. 1, S. 79 – 85

Schreier, U. (2001)
Entity-Relationship-Darstellung in: Mertens, P. (Hrsg.), Lexikon der Wirtschaftsinformatik, 4., vollständig neu bearbeitete und erweiterte Auflage, Berlin u. a. 2001, S. 184 - 185

Schwaar, M./Moser, T. (2002)
CMS-Strategien für KMUs

Schwickert, A. C. (2004)
Dezentrales Web Content Management, in: Arbeitspapiere Wirtschaftsinformatik, 2004, Nr. 5, Justus Liebig Universität Giessen, http://geb.uni-giessen.de/geb/volltexte/2004/1551/, letzter Zugriff am 02.03.2007

Schwickert, A. C./Grund, H. (2004)
Web Content Management – Grundlagen und Anwendung mit dem Web Portal System WPS V.2.5, in: Arbeitspapiere Wirtschaftsinformatik, 2004, Nr. 3, Justus Liebig Universität Giessen, http://geb.uni-giessen.de/geb/volltexte/2004/1549/, letzter Zugriff am 22.03.2007

Selfhtml (2007)
Einführung in XML, http://de.selfhtml.org/xml/intro.htm, letzter Zugriff am 22.03.2007

SourceForge, (2007)
Software Map, http://sourceforge.net/softwaremap/trove_list.php, letzter Zugriff, 29.01.2007

Staaden, C. (2006)
Was hat der, was ich nicht habe? – Ein Überleben in Zeiten von Open Source, http://www.contentmanager.de/magazin/artikel_900_opensource_kommerzielle_software.html, letzter Zugriff am 02.01.2007

Stahlknecht, P./Hasenkamp, U. (2002)
Einführung in die Wirtschaftsinformatik, 10. Auflage, Berlin u. a. 2002

Stahlknecht, P./Hasenkamp, U. (2005)
Einführung in die Wirtschaftsinformatik, 11. Auflage, Berlin u. a. 2005

Stallman, R. (o. J.)
Richard Stallman's Personal Home Page, http://www.stallman.org, letzter Zugriff am 02.01.2007

Stein, S. (2004)
Vorgehensmodell Wasserfallmodell und V-Modell, http://emergenz.
hpfsc.de/html/node42.html, letzter Zugriff am 12.01.2007

Stein, T. (2000)
Intranet-Organisation: Durch Content Management die Potenziale des
unternehmensinternen Netzwerkzusammenschlusses nutzen, in:
Wirtschaftsinformatik, Jg. 42, 2000, Nr. 4, S. 310 – 317

Stock, S. (2001)
Customer Relationship Management (CRM), in: Mertens, P. (Hrsg.), Lexikon der
Wirtschaftsinformatik, 4., vollständig neu bearbeitete und erweiterte Auflage, Berlin
u. a. 2001, S. 125 – 126

Stöckl, A. (2004)
Web Content Management mit TYPO3, http://www.competence-
site.de/cms.nsf/4860DAD3F3524F0CC1256ECA00475EF2/$File/
cms_mit_typo3.pdf, letzter Zugriff am 09.04.2007

Stojanovich, A. (2006)
CMS – Open Source vs. Lizenzsoftware, http://www.contentmana
ger.de/magazin/artikel_863-print_cms_open_source_lizenzsoftware .html , letzter
Zugriff am 28.02.200

Tanenbaum, A. S. (2004)
Computernetzwerke, 4., überarbeitete Auflage, München u. a. 2004

Typo3 (2006)
What is Typo3?, http://typo3.com/About.1231.0.html, letzter Zugriff am 28.02.2006

Universität Ulm (2007)
JavaScript – Gefahren und Anwendungsmöglichkeiten durch JavaScript,
http://www.mathematik.uni-ulm.de/sai/ws01/portalsem/ wiede/, letzter Zugriff am
16.04.2007

Vignette (2007a)
Produkte, http://www.vignette.com/de/Produkte, letzter Zugriff am 28.02.2007

Vignette (2007b)
Summary of Support Levels, http://www.vignette.com/de/Support/
Compare+Support+Levels, letzter Zugriff am 28.02.2007

von Kiedrowski, J. (2004)
Open-Source-Software – E-Learning zum Nulltarif?, in: Hohenstein, A./Wilbers, K.
(Hrsg.), Handbuch E-Learning – Expertenwissen aus Wissenschaft und Praxis, 9.
Ergänzungslieferung, Köln 2004,
S. 1 – 15

von Bechtolsheim, M./Oberbauer, R. (2001)
Content Management ist Wissensmanagement – Strategien, Prozesse, Technologien, in: Information, Management & Consulting, Jg. 16, 2001, Nr. 3, S. 7 – 11

Voss, A. (2005)
Das große PC & Internet Lexikon 2006, komplett aktualisierte 11. Auflage, Düsseldorf 2005

Waehlert, L (2007)
Betriebswirtschaftliche Grundlagen des Informationsmanagements, http://www.wi.uni-trier.de/lehre/veranstaltungen/Hauptstudium/Ver anstaltungen/IM/IM_Skript_Teil2_2_05.pdf, letzter Zugriff am 11.04.2007

Wapedia (2007)
Vorgehensmodell (Software), http://wapedia.mobi/de/Vorgehens modell_(Software), letzter Zugriff am 21.03.2007

Weiland, J. (2006)
Einführung in das TYPO3 Content Management System, http://typo3-s.org/uploads/media/TYPO3-Einfuehrung.pdf, letzter Zugriff am 08.04.2007

Weinstein, A. (2000)
Content Management. Inhalte effektiv verwalten, in: Internet Professionell, 2000, Nr. 7, S. 38 – 43

Wenz, C. (2007)
JavaScript und Ajax: das umfassende Handbuch, 7., aktualisierte Auflage, Bonn 2007

Wieland, T. (2004)
Stärken und Schwächen freier und Open-Source-Software im Unternehmen, in: Gehring, R. A./Lutterbeck, B. (Hrsg.), Open-Source-Jahrbuch – Zwischen Softwareentwicklung und Gesellschaftsmodell, Berlin 2004, S. 107 – 120

Wikipedia (2007)
Typo3, http://de.wikipedia.org/wiki/TYPO3, letzter Zugriff am 28.02.2007

Wirtz, B. W. (2001)
Electronic Business, 2., vollständig überarbeitete und erweiterte Auflage, Wiesbaden 2001

Wilhelm, S. (2000)
Content Management beginnt im Kopf, in: Barabas, M./Rossbach, G. (Hrsg.), Internet – E-Business-Strategien für die Unternehmensentwicklung, 1. Auflage, Karlsruhe 2000, S. 161 – 168

Wilhelm, S. (2002)
Content Management Systeme, in: Berres, A./Bullinger, H-J. (Hrsg.), E-Business –
Handbuch für Einsteiger: Praxiserfahrungen, Strategien, Handlungsempfehlungen, 2.
Vollständig neu bearbeitete Auflage, Berlin u. a. 2002, S. 387 – 398

Wilhelm, S. (2005)
Verfahren zur Einführung eines internetbasierten Content Management für
Qualitätsregelkreise in der Produktion, in: Westkämper, E./Bullinger, H.-J./Spath, D.
(Hrsg.), IPA – IAO Forschung und Praxis, Stuttgart 2006, Nr. 434, S. 1 - 184

World Wide Web Consortium (2002)
XHTML™ 1.0 The Extensible HyperText Markup Language (Second Edition),
http://www.w3.org/TR/xhtml1/, letzter Zugriff am 27.01.2007

World Wide Web Consortium (2006)
Extensible Markup Language (XML) 1.1 (Second Edition),
http://www.w3.org/TR/xml11/, letzter Zugriff am 12.01.2007